1

# ABC der Tiere

# Arbeitsheft

## Grundschrift Teil A

Herausgegeben von
**Klaus Kuhn**

Erarbeitet von
**Klaus Kuhn**
**Kerstin Mrowka-Nienstedt**

**Name:** ______________________________

**Klasse:** ______________________________

Mildenberger

# Inhalt





Die Kompetenzen zu jeder Heftseite unter: www.abc-der-tiere.de/1405-kompetenzen

# Die Symbole bedeuten

Lies und führe gleichzeitig den Finger der Schreibhand in Bögen unter den Silben mit.

Schreibe mit zwei Farben.

Male in das Arbeitsheft.

Sprich und klatsche dazu.

Höre Klinger, Starter oder Silben heraus.

Verbinde Silben, Wörter und Bilder.

Laufe die Silben ab.

Partnerarbeit: Stelle den Mini-Silbenschieber ein.

Partnerarbeit: Stelle den Silbenschieber ein.

Silbe Spure nach und schreibe mit zwei Farben.

Schreiben mit der Schreibtabelle*

1. Bearbeite die Aufgabe so wie du es kannst.

Ich – Du – Wir

Über Lernen sprechen

Klassengespräch

* Je nach Platzbedarf und Leistungsstand in das Arbeitsheft oder das Schreibheft

1.

2. –

| | | | |
|---|---|---|---|
| mi | Mu | mi | mu |
| mu | mi | Mi | mu |



- 1. Klassengespräch zu Silbenkärtchen; Silbenkärtchen in Partnerarbeit zuordnen
- 2. Alle **Mi**/**mi**-Rahmen gelb, alle **Mu**/**mu**-Rahmen grün ausmalen

1.

2.

3.

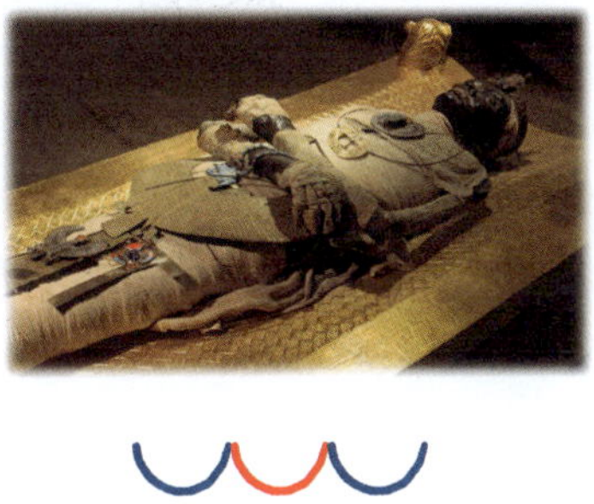

4.

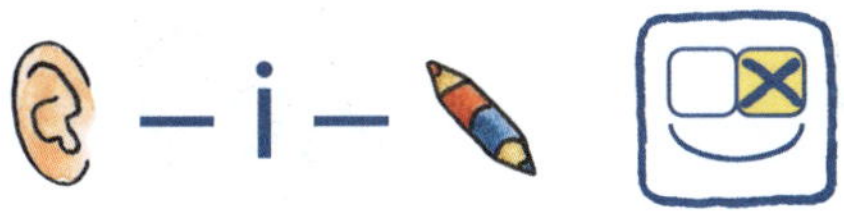

•• 1. Im Klassengespräch Aufgabe einführen. Bildwörter von Aufgabe 2 und 3 klären, synchron sprechen und klatschen: Mikado, Salami, Mimi, Emu, Mumie, Musik.
•• 2. In Einzelarbeit Bildwörter synchron sprechen und klatschen, auf **Mi/mi** abhören und ankreuzen
•• 3. In Einzelarbeit Bildwörter synchron sprechen und klatschen, auf **Mu/mu** abhören und ankreuzen
•• 4. In Einzelarbeit Bildwörter auf Klinger **i** abhören und ankreuzen: Mimi, Salami

1.

2. –

- 1. Einführung der Gebärden **mu – u – mi – i**
- 2. Gesprächsanlass: Nachspuren (siehe Seite 3, Symbole)
  Zu den Gebärden schreiben: mu, u, mu, u, mi, i

1. – mu | u | mi | i

2. –

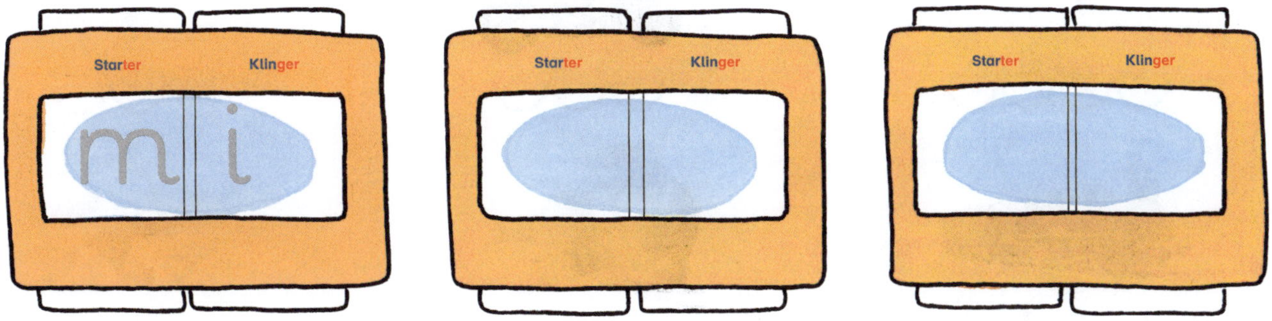


3. –

mu

- 1. Einführung Mini-Silbenschieber in Partnerarbeit einstellen: **mu – u – mi – i**
- 2. Diktieren – einstellen – schreiben: **mi – mu – u**
- 3. Silbenlauf durchführen und aufschreiben

# Momo

zu S. 10, 11

1. 

2. 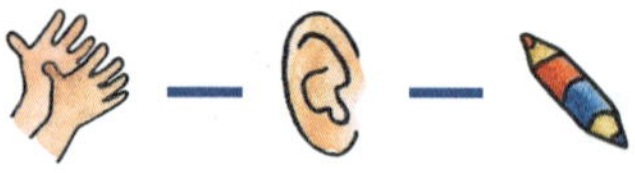 

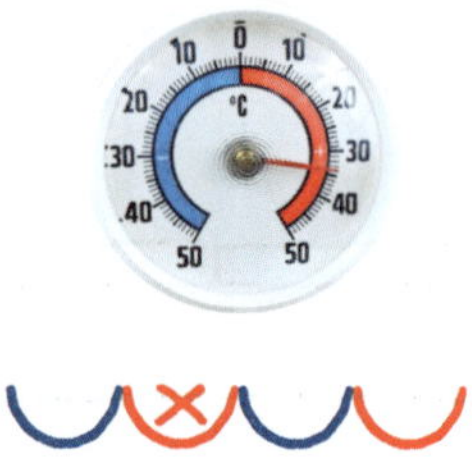  

3. 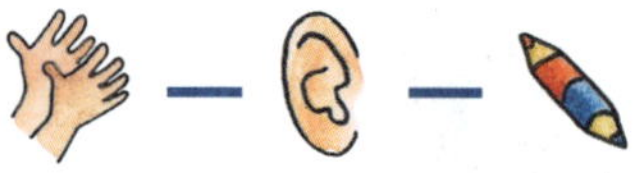 

 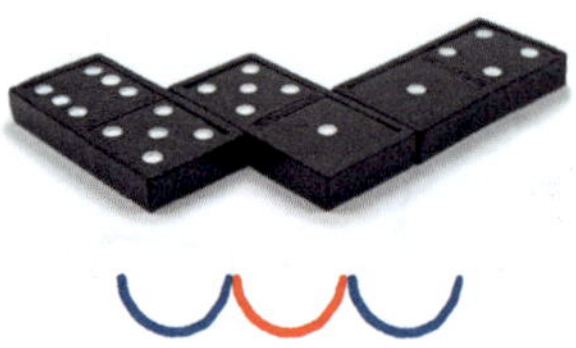 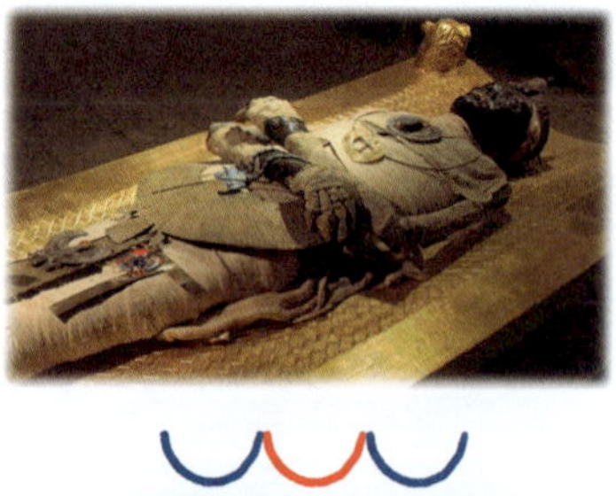

  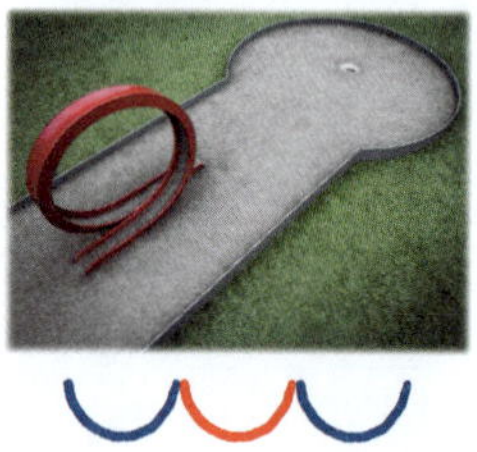

•• 1. Im Klassengespräch Aufgabe einführen. Bildwörter von Aufgabe 2 und 3 klären, synchron sprechen und klatschen: Thermometer, Motorrad, Limo, Lokomotive, Mimi, Mobile, Mikado, Domino, Mumie, Mikroskop, Salami, Minigolf

•• 2. In Einzelarbeit Bildwörter synchron sprechen und klatschen, auf **Mo/mo** abhören und ankreuzen bzw. nicht zutreffendes Bild streichen

•• 3. In Einzelarbeit Bildwörter synchron sprechen und klatschen, auf **Mu/mu** bzw. **Mi/mi** abhören und ankreuzen

1.

2.

3.

4. – o –

- 1. Einführung der Gebärden **mo** – **o**
- 2. Zu den Gebärden schreiben: mo, o, mi, mu
- 3. Mit der passenden Anfangssilbe verbinden: Muschel, Mimi, Musik, Motorrad, Mikroskop, Mobile
- •• 4. In Einzelarbeit Bildwörter auf Klinger **o** abhören und ankreuzen: Momo, Limo

# Momo

zu S. 10, 11

1.

mo mu mi Mo Mu Mi

Momo mu mi Mimi

i mo u mo o mo

2. –

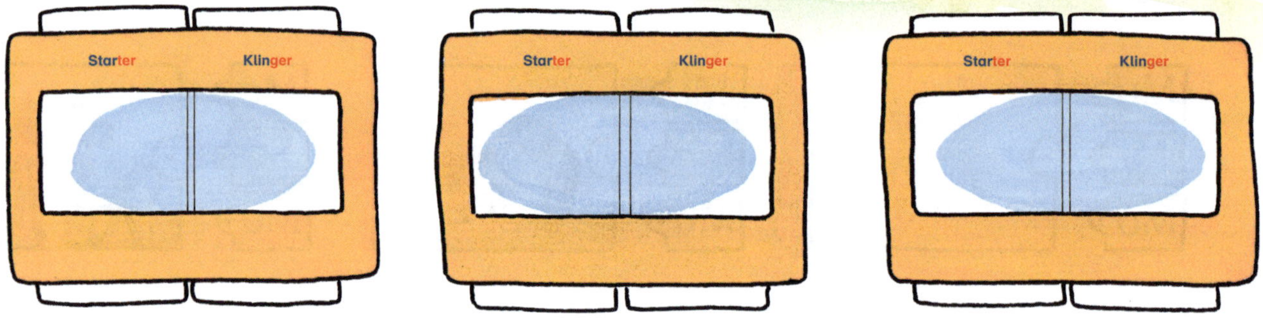


3. –

mo

- 1. Lesen und gleichzeitig den Finger der Schreibhand in Bögen unter den Silben mitführen
- 2. Diktieren – einstellen – schreiben: **mo – o – mu**
- 3. Silbenlauf durchführen und aufschreiben

1.

2.

- 1. Gesprächsanlass: Die Geschichte „Momo“ von Michael Ende
- 2. Silben abstreichen und Namen in zwei Farben schreiben: 2 x Momo, 2 x Mimi, 2 x Mio

1.

2. 

3. 

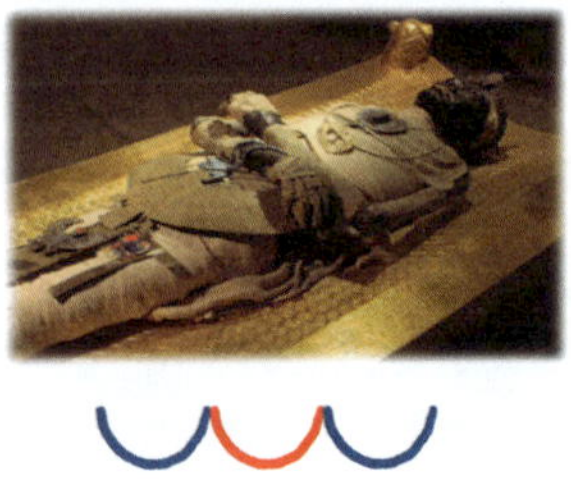   

 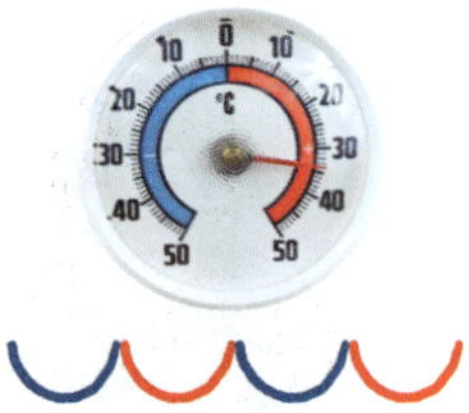  

•• 1. Im Klassengespräch die Bildwörter von Aufgabe 2 und 3 klären, synchron sprechen und klatschen:
Maler, Tomate, Oma, Motorrad, Mama, Mimi, Waschmaschine, Lama, Mumie, Lokomotive, Mobile, Musik, Motorrad, Thermometer, Emu, Limo

•• 2. In Einzelarbeit Bildwörter synchron sprechen und klatschen, auf **Ma/ma** abhören, ankreuzen oder streichen

•• 3. In Einzelarbeit Bildwörter synchron sprechen und klatschen, auf **Mo/mo** bzw. **Mu/mu** abhören und ankreuzen

1.

2.

3.

Mo Mu Ma 

Mu Ma Mi 

Ma Mu Mi 

Mo Mi Mu 

Mi Ma Mo 

Mo Mi Ma 

4. – a –

5.

- 1. Einführung der Gebärden **ma – a**
- 2. Zu den Gebärden schreiben: ma, mo, a, mu
- 3. Mit der passenden Anfangssilbe verbinden: Mobile, Maler, Mama, Mikado, Motorrad, Mikrofon
- •• 4. In Einzelarbeit Bildwörter auf Klinger **a** abhören und ankreuzen: Mama, Lama
- •• 5. Mit der Schreibtabelle lautgetreue Wörter schreiben: Lama ••• Weitere Wörter mithilfe der Schreibtabelle ins Heft schreiben

1.

mo mo ma mo mu

Ma mo Mu ma Mo

i ma u ma o ma

Oma Mama Omi

2.

ma

3.

- 1. Lesen und gleichzeitig den Finger der Schreibhand in Bögen unter den Silben mitführen
- 2. Silbenlauf durchführen und aufschreiben
- 3. Namen mit zwei Farben schreiben: Mama, Mia, Oma bzw. Omi

1. Ma ma am

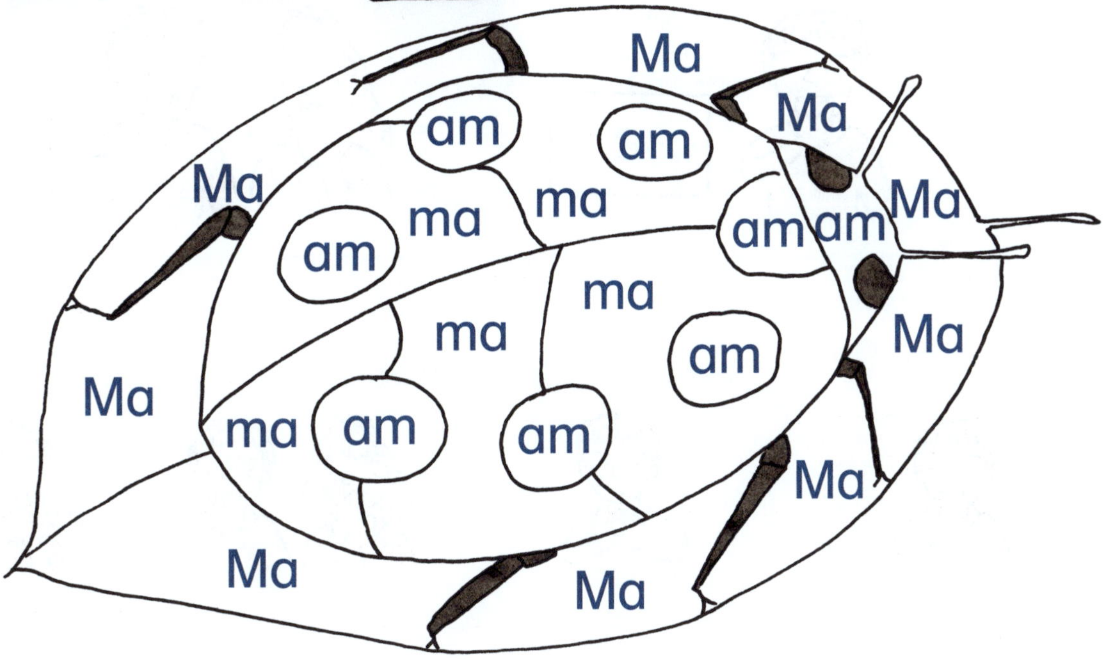


2. –

im

3.

 im ~~mi~~ 

Oma am ma 

 mi im 

Mama ma am 

•• 1. Ausmalbild: Unterscheiden von **Ma – ma – am**
•• 2. Silbenlauf durchführen und aufschreiben
•• 3. Unzutreffendes Wort streichen

1. 

2. 

3. 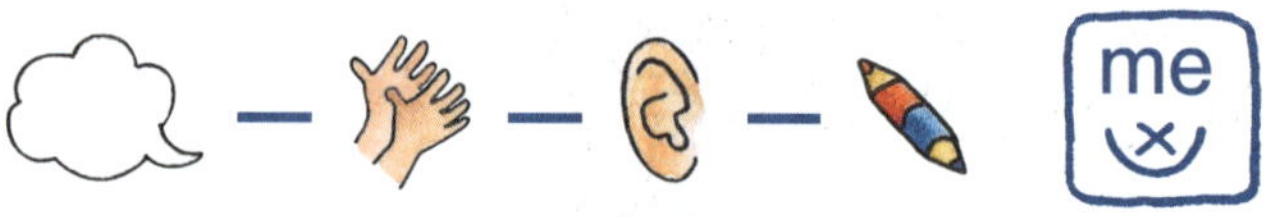

4. 

- 1. Einführung der Gebärden **e – me**
- 2. Zu den Gebärden schreiben: e, a, me, ma
- •• 3. Im Klassengespräch die Bildwörter klären. In Einzelarbeit synchron sprechen und klatschen, auf **me** abhören und im passenden Silbenbogen ankreuzen bzw. nicht zutreffendes Bild streichen: Melone, Kamele, Tomate, Medizin, Marmelade, Lama, Memo, Thermometer
- •• 4. In Einzelarbeit Bildwörter auf Klinger **e** abhören und ankreuzen: Memo, Melone

1.

Ma
Me
Mo

Me
Mu
Mi

Mo
Ma
Me

Mi
Me
Mu

Mo
Ma
Me

Mi
Me
Mu

2. –

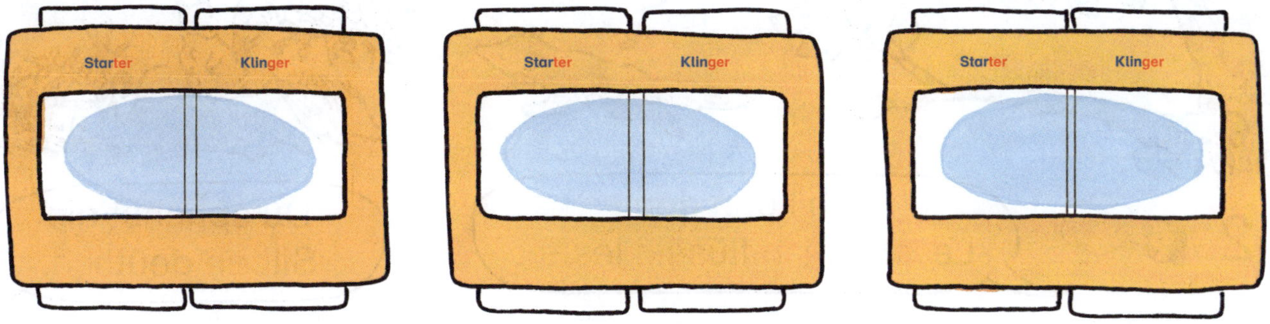


3.

Memo | Mama | Mio | Mia | Oma

- 1. Mit der passenden Anfangssilbe verbinden: Melone, Mikado, Mobile, Mumie, Motorrad, Memo
- 2. Diktieren – einstellen – schreiben: **me – e – a**
- •• 3. Namen mit derselben Farbe wie die Bilderrahmen ausmalen

1.

2.

Ich kann den Leseteppich flüssig lesen.

Du sprichst die Silben deutlich.

3.

- 1. Lesen und gleichzeitig den Finger der Schreibhand in Bögen unter den Silben mitführen
- 2. Über Lernen sprechen: Lesen mit dem Leseteppich
- 3. Namen mit zwei Farben schreiben: Memo, Mia, Mio, Mimi, Mama, Momo

1. ✎ ⊗

○ Mimi ist am  .

○ Memo ist am  .

○ Memo ist im  .

○ Oma ist im  .

○ Mama ist am  .

○ Mama ist am  .

2. im am mi ma

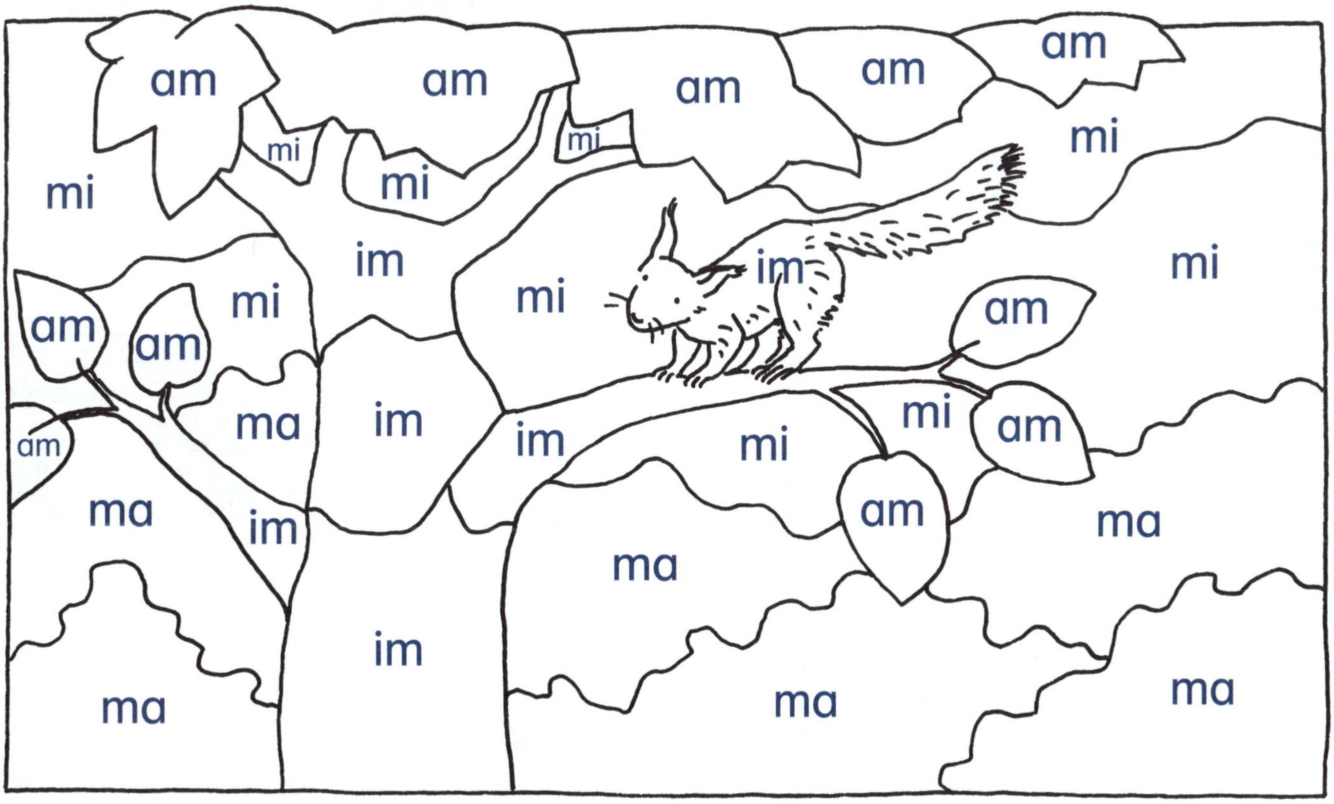


••• 1. Zutreffenden Satz ankreuzen
•• 2. Ausmalbild: Unterscheiden von **mi – im, ma – am**

1.

2.

3.

Mi Lo La 

Me Li Mu 

La Lo Mi 

Le Mu Lo 

Le La Mi 

Mi Li Mo 

- 1. Einführung der Gebärden **la – le – li – lo – lu**
- 2. Zu den Gebärden schreiben: la, ma, le, me, li, i, lo, lu
- 3. Mit der passenden Anfangssilbe verbinden: Lama, Limo, Labyrinth, Leopard, Laterne, Lineal

1.

2. La, la | Le, le | Li, li | Lo, lo | Lu, lu

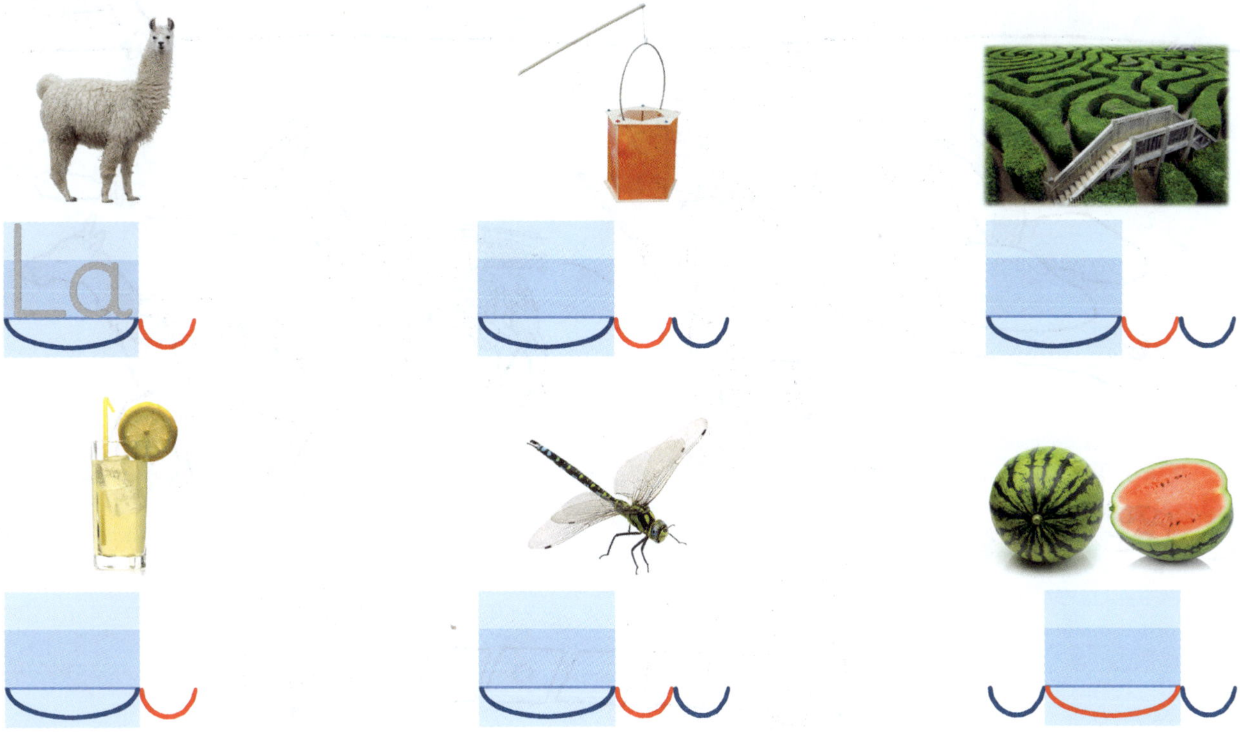


3. – L –

4.

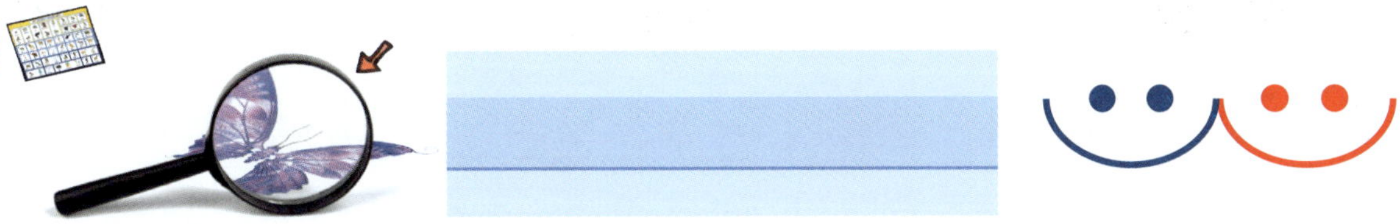

- 1. Im Klassengespräch Aufgabe einführen. Bildwörter von Aufgabe 2 klären, synchron sprechen und klatschen: Lama, Laterne, Labyrinth, Limo, Libelle, Melone
- •• 2. In Einzelarbeit Bildwörter synchron sprechen und klatschen, auf **La/la, Le/le, Li/li, Lo/lo, Lu/lu** abhören und schreiben
- •• 3. In Einzelarbeit Bildwörter auf Starter **L** abhören und ankreuzen: Lama, Limo
- ••• 4. Mit der Schreibtabelle lautgetreue Wörter schreiben: Lupe ••• Weitere Wörter mithilfe der Schreibtabelle ins Heft schreiben

1.

a ma la e me le

i mi li o mo lo

u mu lu a me li

mi im i ma am a

2.

la

3.

- 1. Lesen und gleichzeitig den Finger der Schreibhand in Bögen unter den Silben mitführen
- 2. Silbenlauf durchführen und aufschreiben
- 3. Namen mit zwei Farben schreiben: Limo, Lama, Lilo

1.

① Papa ist am 

.

② Papa ist am  .

③ Papa ist am  .

④ Papa ist am 

.

⑤ Papa ist am  .

⑥ Papa ist am  .

••• 1. Sätze lesen, Weg einzeichnen und nummerieren

1.

| | | | | | |
|---|---|---|---|---|---|
| a | ma | la | E | Me | Le |
| i | mi | li | O | Mo | Lo |
| u | mu | lu | A | Ma | La |
| im | ma | Lu | am | mi | |

2.

______ ______ ______ ______

______ ______ ______ ______

______ ______ ______ ______

Du hast einen tollen Leseteppich gemacht.

Den hängen wir auf.

• 1. Lesen und gleichzeitig den Finger der Schreibhand in Bögen unter den Silben mitführen
••• 2. Ich: In Einzelarbeit einen Leseteppich erstellen
Du: In Partnerarbeit lesen und kontrollieren
Wir: In der Gruppe/Klasse einen Leseteppich auswählen, auf ein Schmuckblatt schreiben und aufhängen

1.

2. – – – A E I O U

3.

- • 1. Im Klassengespräch die Vokale in Großbuchstaben einführen, alle Tiernamen klären, synchron sprechen und klatschen: Ameise, Elefant, Igel, Orang-Utan, Uhu
- •• 2. Im Klassengespräch die weiteren Bildwörter klären: Esel, Aquarium, Oma
  In Einzelarbeit Bildwörter synchron sprechen und klatschen, auf **A, E, I, O, U** abhören und schreiben
- ••• 3. Mit der Schreibtabelle lautgetreue Wörter schreiben: ojn ••• Weitere Wörter mithilfe der Schreibtabelle ins Heft schreiben

1. ✕

◯ Mia und Mio sind am .

◯ Mia und Memo sind am .

◯ Mia und Mama sind am .

◯ Mio und Mimi sind am .

2.

••• 1. Zutreffenden Satz ankreuzen
•• 2. Namen mit zwei Farben schreiben: Oma, Mio, Mia, Lilo, Memo, Lama

1.

 Mio und Mia ~~ist~~ / sind im  .

 Mio ist / ~~sind~~ im  .

2.

Mia ist / sind am  .

Mia und Mama ist / sind am  .

Mio und Mimi ist / sind am  .

Mio ist / sind am  .

3.

••• 1. Im Klassengespräch anhand des Beispiels den Unterschied zwischen **ist** und **sind** klären
••• 2. Unzutreffendes Wort durchstreichen
••• 3. Mit der Schreibtabelle lautgetreue Wörter schreiben: |əɡl| ••• Weitere Wörter mithilfe der Schreibtabelle ins Heft schreiben

1.

2.

3.

Ti
Mi
Te

La
Ti
Te

Ta
Tu
La

Te
Ti
Li

Tu
Mu
To

To
Ma
Ta

- 1. Einführung der Gebärden **ta – te – ti – to – tu**
- 2. Zu den Gebärden schreiben: ta, ti, tu, to, la, te, mu, e
- 3. Mit der passenden Anfangssilbe verbinden: Telefon, Tiger, Tafel, Limo, Tube, Taxi

1.

Ti

2. – – Ta, ta | Te, te | Ti, ti | To, to | Tu, tu

3. – Tt –

4.

- • 1. Im Klassengespräch Aufgabe einführen. Bildwörter von Aufgabe 2 klären, synchron sprechen und klatschen: Tiger, Tomate, Tafel, Tische, Taxi, Tube
- •• 2. In Einzelarbeit Bildwörter synchron sprechen und klatschen, auf **Ta/ta, Te/te, Ti/ti, To/to, Tu/tu** abhören und schreiben
- •• 3. In Einzelarbeit Bildwörter auf Starter **T, t** abhören und ankreuzen: Tilo, Toto
- ••• 4. Mit der Schreibtabelle lautgetreue Wörter schreiben: Tipi ••• Weitere Wörter mithilfe der Schreibtabelle ins Heft schreiben

1.

| | | | | | | |
|---|---|---|---|---|---|---|
| La | te | me | te | lu | te | |
| Ta | le | Te | le | Ti | le | |
| Mi | tu | Lo | tu | Ma | tu | |
| A | te | E | tu | I | ta | O |

2. –

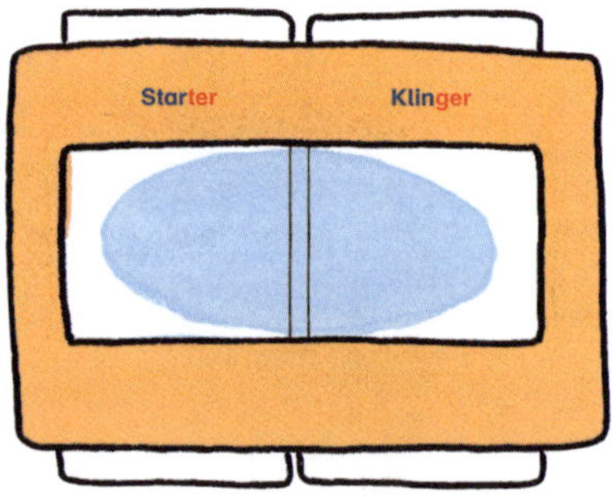


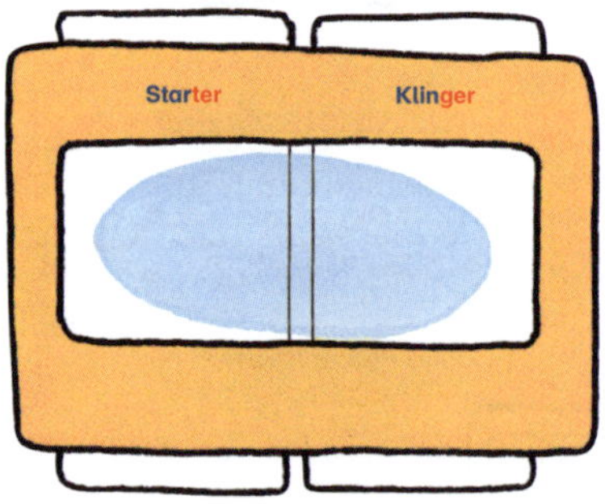


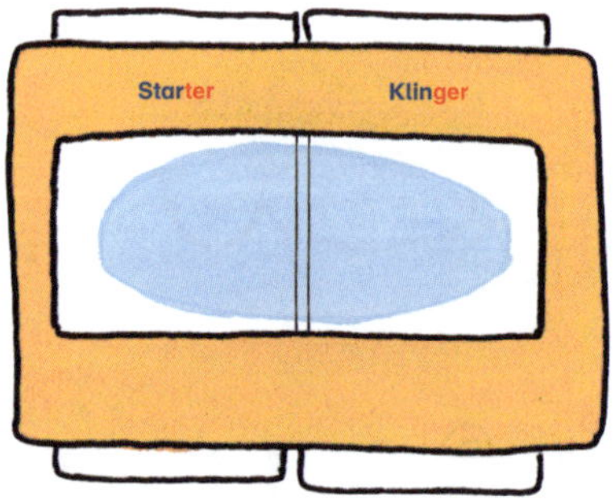


3.

- 1. Lesen und gleichzeitig den Finger der Schreibhand in Bögen unter den Silben mitführen
- 2. Diktieren – einstellen – schreiben: **ta – te – tu**
- 3. Namen mit zwei Farben schreiben: Tila, Timo, Toto

1.

○ Lilo ist am  .

○ Timo ist am  .

○ Papa ist am  .

○ Timo malt Tila.

○ Lili malt Tila.

○ Lili malt Toto.

2.

Male Tila im  .

Male Toto am  .

Male Oma am  .

••• 1. Zutreffenden Satz ankreuzen
••• 2. Nach Anweisung malen

1.

2.

3.

- 1. Einführung der Gebärden **ra – re – ri – ro – ru**
- 2. Zu den Gebärden schreiben: re, ro, ri, ru, mu, ra, ti, le
- 3. Wörter beginnen mit ..., nicht zutreffendes Bild streichen: Roboter, Regen, Rose, Rosinen; Regen, Rehe, Regal, Radiergummi; Rose, Rabe, Radio, Radieschen

1.

Ra

2. Ra Re Ri Ro Ru

3. – R –

4.

- • 1. Im Klassengespräch Aufgabe einführen. Bildwörter von Aufgabe 2 klären, synchron sprechen und klatschen: Rabe, Raketen, Roboter, Regal, Radieschen, Rose
- •• 2. In Einzelarbeit Bildwörter synchron sprechen und klatschen, auf **Ra**, **Re**, **Ri**, **Ro**, **Ru** abhören und schreiben
- •• 3. In Einzelarbeit Bildwörter auf Starter **R** abhören und ankreuzen: Rose, Rabe
- ••• 4. Mit der Schreibtabelle lautgetreue Wörter schreiben: Radio ••• Weitere Wörter mithilfe der Schreibtabelle ins Heft schreiben

zu S. 22, 23

1.

Ra re Ri ro Ru ra

Ta re Mi lo ru me

La ri To Li Re Mu

Ma ri Lo ri Ro mi

2. –

ra

3.

Mimi

- 1. Lesen und gleichzeitig den Finger der Schreibhand in Bögen unter den Silben mitführen
- 2. Silbenlauf durchführen und aufschreiben
- •• 3. Passenden Tiernamen mit zwei Farben schreiben: Mimi, Memo, Ria, Tila, Lama

1. 

2. 

Papa ist am . Papa ruft ______.

Mia ist im . Mia ruft ______.

Oma ist am . Oma ruft ______.

Mio ist am . Mio ruft ______.

Muli ______ ruft ______.

• 1. Gesprächsanlass: Wer ist zu Hause?
••• 2. Sätze ergänzen und mit zwei Farben schreiben: Mia, Mama, Mio, Ria, Ria, ia

1.

2.

3.

4. – S s –

- 1. Einführung der Gebärden **sa – se – si – so – su**
- 2. Zu den Gebärden schreiben: so, si, se, su, ra, sa
- 3. Wörter beginnen mit ..., nicht zutreffendes Bild streichen: Soße, Sofa, Socken, Segelboot; Salat, Saxofon, Sonne, Salami
- •• 4. In Einzelarbeit Bildwörter auf Starter **S, s** abhören und ankreuzen: Sofa, Hose

1. 

2. 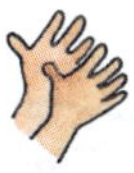 –  – 

3. 

- 1. Im Klassengespräch Aufgabe einführen. Bildwörter von Aufgabe 2 klären, synchron sprechen und klatschen: Soße, Salami, Silo, Segel, Socken, Hose, Saxofon, Salate, Sofa
•• 2. In Einzelarbeit Bildwörter synchron sprechen und klatschen, auf **Sa/sa, Se/se, Si/si, So/so, Su/su,** und alle bis jetzt bekannten Silben abhören und schreiben
••• 3. Mit der Schreibtabelle lautgetreue Wörter schreiben: ǝsɐH ••• Weitere Wörter mithilfe der Schreibtabelle ins Heft schreiben

1.

2.

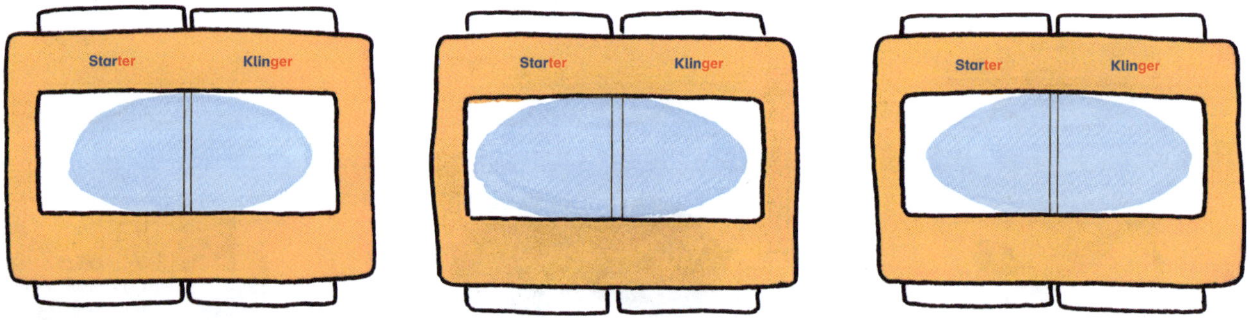


3.

- 1. Lesen und gleichzeitig den Finger der Schreibhand in Bögen unter den Silben mitführen
- 2. Diktieren – einstellen – schreiben: **sa – se – su**
- •• 3. Namen mit zwei Farben schreiben: Lisa, Susi, Sara

1.

Mama ist

○ im  .

○ am  .

Papa mag

○  .

○  .

Sara ist

○ am  .

○ im  .

2. ist am im

Lisa ______ ______  .

Ria ______ ______  .

3.

 ______

1.

2.

3.

- 1. Einführung der Gebärden **wa – we – wi – wo – wu**
- 2. Zu den Gebärden schreiben: we, wo, wi, ti, wu, wo, lu, wa
- •• 3. Im Klassengespräch alle Bildwörter klären: Wikinger, Löwe, Wagen, Wale, Möwe, Lawine
  In Einzelarbeit Bildwörter synchron sprechen und klatschen, auf bekannte Silben abhören und schreiben

1.

we
se
re

re
te
le

se
we
le

le
re
te

le
se
we

re
we
se

2. –

3.

• 1. Mit der passenden Endsilbe verbinden: Löwe, Wale, Rose, Kiste, Möwe, Hase
•• 2. Tiere mit dazugehörender „Behausung“ verbinden
Passende Tiernamen mit zwei Farben schreiben: Mimi, Wito, Ria, Memo, Lama
••• 3. Mit der Schreibtabelle lautgetreue Wörter schreiben: Wagen ••• Weitere Wörter mithilfe der Schreibtabelle ins Heft schreiben

1.

wa la su ri to

we lo ra mi la

wu le ma si ro

Wi ra Wo ru ma

2.

wi

3.

- 1. Lesen und gleichzeitig den Finger der Schreibhand in Bögen unter den Silben mitführen
- 2. Silbenlauf durchführen und aufschreiben
- •• 3. Passenden Namen mit zwei Farben schreiben: Uwe, Wito, Tilo

1.

2.

Wito



••• 1. Wito sucht den richtigen Weg durch das Labyrinth zu Uwe: Weg einzeichnen
• 2. Silben lesen und diejenigen abstreichen, die ein bekanntes Wort ergeben. Wörter mit zwei Farben schreiben:
Wito, Salami, Rute, Tomate, Salate, Limo, Rose, Uwe

1.

2.

3.

dal

4.

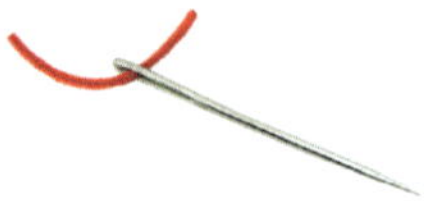

- 1. Einführung der Gebärden **da – de – di – do – du – del**
- 2. Zu den Gebärden schreiben: da, ta, del
- 3. Silbenlauf durchführen und aufschreiben
- •• 4. Im Klassengespräch alle Bildwörter klären: Dudelsack, Nadel, Windel
  In Einzelarbeit Bildwörter synchron sprechen und klatschen, auf del abhören und schreiben

1. 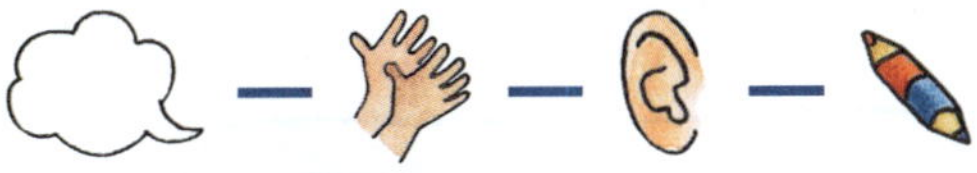

2.

re
de
we

le
me
se

se
te
le

se
re
me

we
se
de

le
re
me

3. 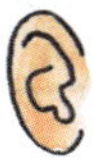 – D d – 

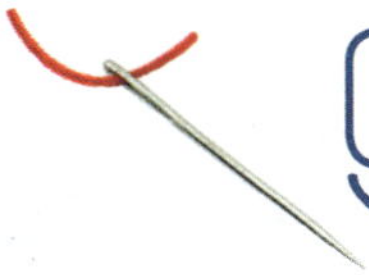

4. 

•• 1. Im Klassengespräch alle Bildwörter klären: Dose, Delfin, Dino, Badewanne, Mandarine, Domino
In Einzelarbeit Bildwörter synchron sprechen und klatschen, auf bekannte Silben abhören und schreiben

• 2. Mit der passenden Endsilbe verbinden: Hände, Hose, Hüte, Blume, Hunde, Stühle

•• 3. In Einzelarbeit Bildwörter auf Starter **D, d** abhören und ankreuzen: Nadel, Delfin

••• 4. Mit der Schreibtabelle lautgetreue Wörter schreiben: Telefon ••• Weitere Wörter mithilfe der Schreibtabelle ins Heft schreiben

1.

di del da del du

da dim du des di

de dum di dam do

Dame Dose da

2.

- 1. Lesen und gleichzeitig den Finger der Schreibhand in Bögen unter den Silben mitführen
- 2. Diktieren – einstellen – schreiben: **de** – **del** – **da** – **das**

zu S. 28, 29

1. 

Wer ist im 

?

Doris ______ ______ 

.

Wer ist am  ?

______ ______ ______  .

Wer ist am 

?

______ ______ ______ 

.

••• 1. Ich: In Einzelarbeit die Fragen lesen und Antworten mit zwei Farben schreiben
Du: In Partnerarbeit die Sätze überprüfen
Wir: In der Klasse die Sätze präsentieren

# Nina und Nena

zu S. 30, 31

1.

2.

3.

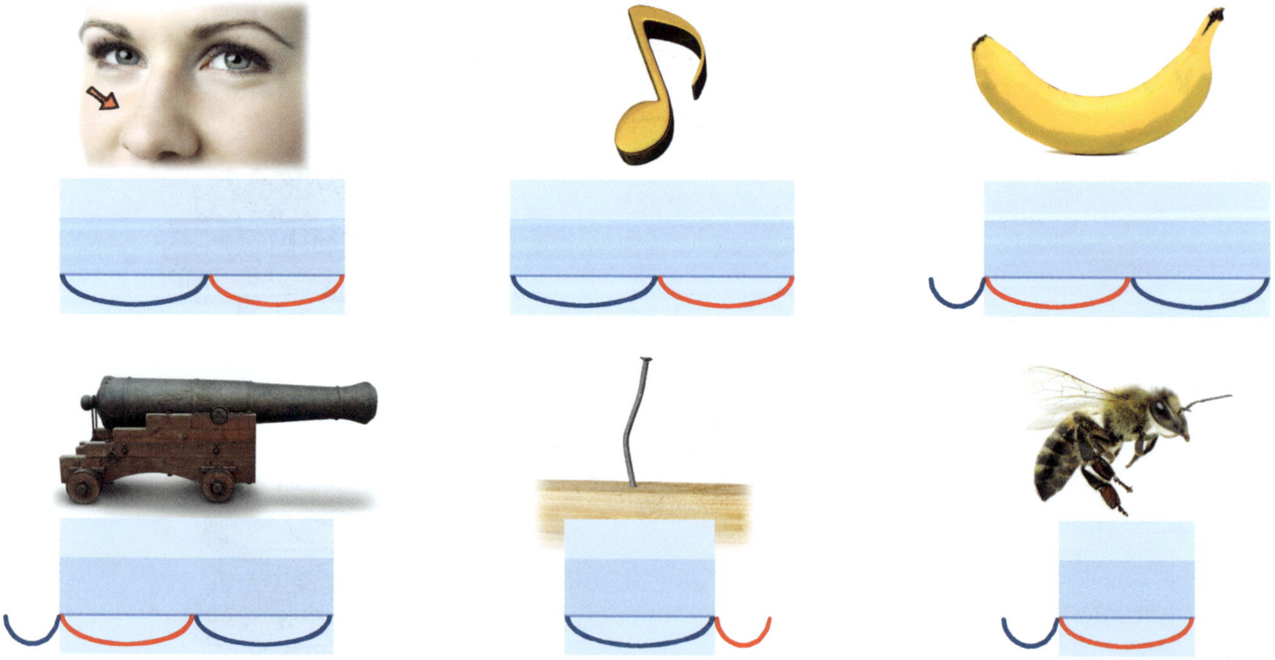

- 1. Einführung der Gebärden **na** – **ne** – **ni** – **no** – **nu**; Gegenüberstellung von m und n
- 2. Zu den Gebärden schreiben: uəw ‘əu ‘əɯ ‘sıu ‘ɐu ‘ɐɯ
- •• 3. Im Klassengespräch alle Bildwörter klären: Nase, Note, Banane, Kanone, Nagel, Biene
  In Einzelarbeit Bildwörter synchron sprechen und klatschen, auf bekannte Silben abhören und schreiben

1.

Wun
Win
Wan

Tin
Ten
Tan

Min
Mon
Man

Wol
Wel
Wil

Run
Ran
Rin

Win
Wan
Wun

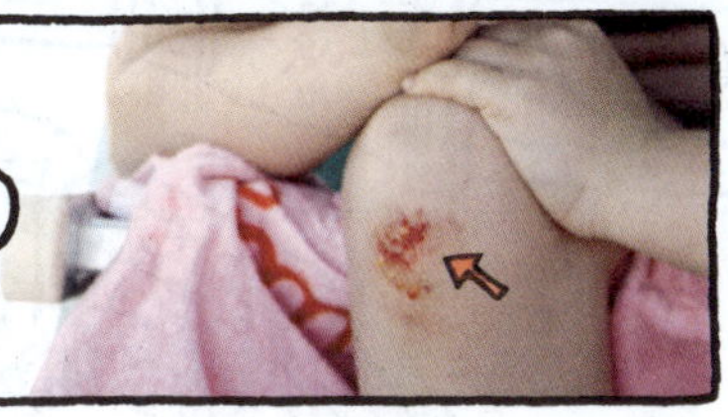

Tur
Tar
Tor

Lum
Lem
Lam

2. Was alle tun :

3.

• 1. Mit der passenden Anfangssilbe verbinden: Winter, Tinte, Mantel, Wolke, Rinde, Wunde, Torte, Lampe
•• 2. Passende Verben zu den Bildern mit zwei Farben schreiben: raten, malen, lesen
••• 3. Mit der Schreibtabelle lautgetreue Wörter schreiben: Delfin ••• Weitere Wörter mithilfe der Schreibtabelle ins Heft schreiben

1.

na ma ne mo nu

men ten ren tan to

lin wol den la sin

Nadel Rosen Mond

2. –

- 1. Lesen und gleichzeitig den Finger der Schreibhand in Bögen unter den Silben mitführen
- 2. Diktieren – einstellen – schreiben: **tan** – **son** – **wan** – **mes**

1.

2. –

•• 1. Im Klassengespräch Einführung der Begriffe **offene** und **geschlossene Silbe** und Einführung der **Häuschenschreibweise**
Häuschen zur Klärung der Position der einzelnen Buchstaben im Wort: 1. Silbe im Haus, 2. Silbe in der Garage, Vokale im gelben Zimmer

•• 2. Im Klassengespräch alle Bildwörter klären: Nase, Tinte, Mantel, Dose, Nadel, Rinde
In Einzelarbeit Bildwörter mit zwei Farben in Häuschen schreiben

1.

2.

3.

4.

- 1. Einführung der Gebärden **scha – sche – schi – scho – schu**
- 2. Zu den Gebärden schreiben: scha, schu, se
- •• 3. Im Klassengespräch alle Bildwörter klären: Schule, Schale, Schere, Schafe, Schirme, Schuhe
  In Einzelarbeit Bildwörter synchron sprechen und klatschen, auf bekannte Silben abhören und schreiben
- ••• 4. Mit der Schreibtabelle lautgetreue Wörter schreiben: Schaukel ••• Weitere Wörter mithilfe der Schreibtabelle ins Heft schreiben

1.

2. –

3.

Mit 3 auf einer Leiter –
beginnt die Schule heiter.

Wir schreiben
drei Buchstaben
für einen Laut.

4. – Sch –

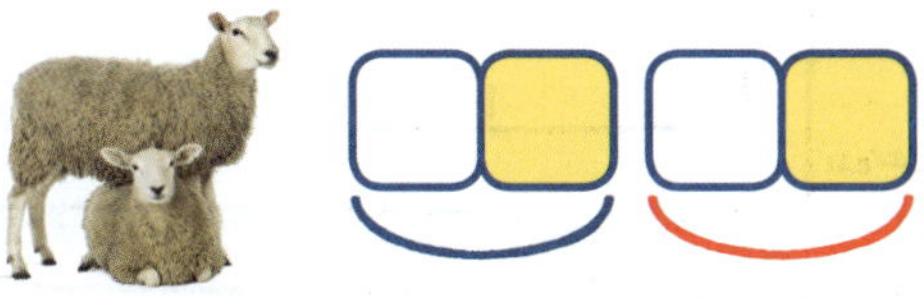

- 1. Im Klassengespräch Häuschenschreibweise bei sch einführen:
  3 Buchstaben für einen Laut wohnen in einem Zimmer; Merkspruch „Mit 3 auf einer Leiter – beginnt die Schule heiter."
- 2. Im Klassengespräch alle Bildwörter klären: Schule, Schirme
  In Einzelarbeit Bildwörter mit zwei Farben in Häuschen schreiben
- 3. Über Lernen sprechen: **Sch**, **sch**
- •• 4. In Einzelarbeit Bildwörter auf Starter **Sch** abhören und ankreuzen: Schere, Schafe

1.

scha Sche schi Schol

schum si sa schem

nasch su wasch so

schel sa wisch se

2. –

scha

3. –

• 1. Lesen und gleichzeitig den Finger der Schreibhand in Bögen unter den Silben mitführen
• 2. Silbenlauf durchführen und aufschreiben
• 3. Diktieren – einstellen – schreiben: **wol – tel**

# Wir essen in der Schule

**1.**

Kannst du das lesen?

~~Es ist 9 Uhr~~

~~Alle wollen essen~~

~~Anna mag Müsli mit Rosinen~~

~~Mio mag Müsli mit Ananas~~

**2.** essen | Müsli | Martin | Schüler

Wer findet die Wörter schnell?

Allewollenessen.

AnnamagMüslimitAnanas.

MartinmagMüslimitAnanas.

AlleSchülerwaschen.

**3.**

Schüler | Schüssel | Müsli | waschen | Uhr

**4.**

Kannst du **Wir essen in der Schule** nun schneller lesen?

- •• 1. Text lesen
- •• 2. Sichtwortlesen: Wörter im Text finden und markieren
- • 3. Wörter aufschreiben und üben
- • 4. Über Lernen sprechen: Lesetechnik

1.

Sche re

## 2. Was alle tun :

•• 1. Bilder den Gebärden zuordnen und Nomen mit zwei Farben schreiben: Schere, Dusche, Schale, Tisch, Tasche, Schirme
•• 2. Passende Verben zu den Bildern mit zwei Farben schreiben: waschen, naschen ••• Sätze mithilfe der Schreibtabelle ins Heft schreiben

zu S. 34, 35

1.

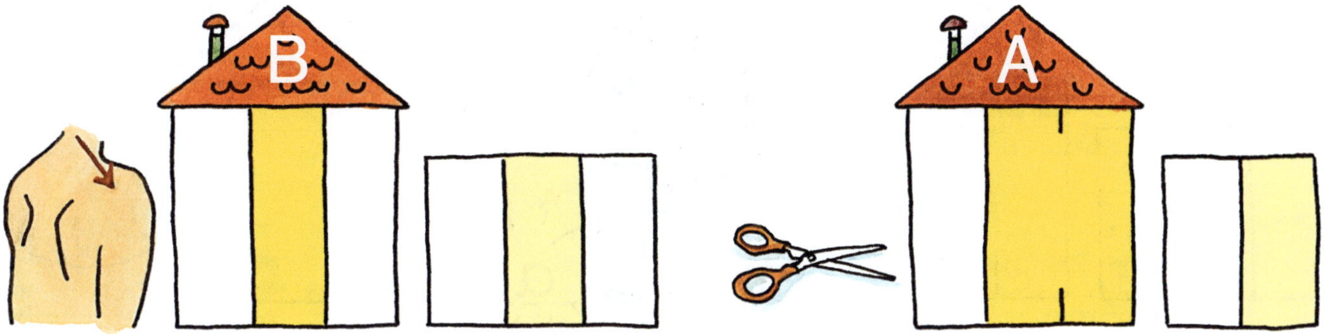


2.

schal

3.

4.

- •• 1. Im Klassengespräch die Bildwörter klären: Schulter, Schere
  In Einzelarbeit Bildwörter mit zwei Farben in Häuschen schreiben
- • 2. Silbenlauf durchführen und aufschreiben
- •• 3. Nomen mit zwei Farben schreiben: Muschel, Tasche
- ••• 4. Mit der Schreibtabelle lautgetreue Wörter schreiben: Hut ••• Weitere Wörter mithilfe der Schreibtabelle ins Heft schreiben

1.

| | | |
|---|---|---|
| Schale |  | Schule |
| Tische |  | |
| Nadel |  | |

2.

| | | | |
|---|---|---|---|
| R | Rose | N | Nina |
| D | | T | |
| w | waschen | S | Sara |
| n | | L | |
| Sch | Schale | T | Tilo |
| W | | L | |



•• 1. Zauberwörter finden: Buchstaben austauschen und mit zwei Farben schreiben
•• 2. Reimwörter mit zwei Farben schreiben

## 1. Wer ist das ?

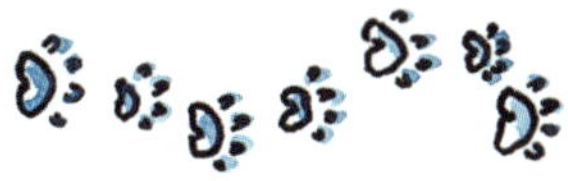

Das ist Mimi.

••• 1. Ich: In Einzelarbeit Spuren zuordnen
Du: In Partnerarbeit sich austauschen und Sätze schreiben
Wir: In der Gruppe/Klasse die Sätze vorstellen und überprüfen

1. 

2. 

3. 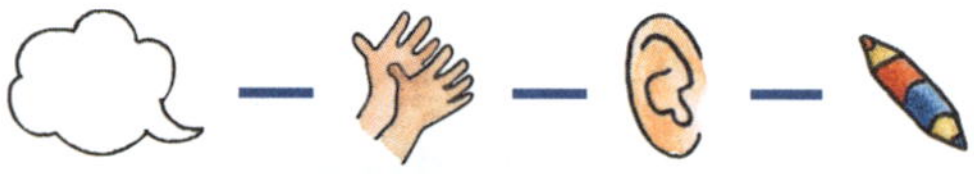

- 1. Einführung der Gebärde **ei**
- 2. Zu den Gebärden schreiben: ei, me, mei, sche, schei, dei, de, rei
- •• 3. Im Klassengespräch alle Bildwörter klären: Reifen, Seife, Eidechse, Eichel, Seite, Eisbär
  In Einzelarbeit Bildwörter synchron sprechen und klatschen, auf bekannte Silben abhören und schreiben

1. –

2.

## Was alle tun :

•• 1. Im Klassengespräch alle Bildwörter klären: Reiter, Meise, Leiter, Leine, Eimer, Schweine
In Einzelarbeit Bildwörter mit zwei Farben in Häuschen schreiben
•• 2. Passende Verben zu den Bildern mit zwei Farben schreiben: weinen, reiten, reimen
••• Weitere Wörter mit ei und Sätze mithilfe der Schreibtabelle ins Heft schreiben

1.

scha sche schei ne

sa se sei ne

wa wei we nos

dal dei des tei

2. ein oder eine

3.

- 1. Lesen und gleichzeitig den Finger der Schreibhand in Bögen unter den Silben mitführen
- 2. Artikel **ein**/**eine** passend zu den Abbildungen schreiben: Leiter, Haus, Schere, Busch, Banane, Auto, Flasche, Lampe, Stuhl, Eis, Tisch, Tasse
- 3. Mit derSchreibtabelle lautgetreue Wörter schreiben: Schleife ••• Weitere Wörter mithilfe der Schreibtabelle ins Heft schreiben

# Lisa und Reiner reimen

zu S. 36, 37

1.

2.

| | | | |
|---|---|---|---|
| R | Reiter | M | Meise |
| L | | R | |
| sch | scheinen | r | reimen |
| w | | l | |
| m | meine | T | Teile |
| d | | S | |
| s | | W | |

•• 1. Klassengespräch: Austausch des Starters bei Reimwörtern
•• 2. Reimwörter mit zwei Farben schreiben

1.

2.

3. – – –

4.

- 1. Einführung der Gebärden **ka – ke – ki – ko – ku**
- 2. Zu den Gebärden schreiben: ka, kla, kra, klei, krei, kua
- •• 3. Im Klassengespräch alle Bildwörter klären: Wolke, Kirschen, Karten
  In Einzelarbeit Bildwörter synchron sprechen und klatschen, auf bekannte Silben abhören und schreiben
- ••• 4. Mit der Schreibtabelle lautgetreue Wörter schreiben: Käfer ••• Weitere Wörter mithilfe der Schreibtabelle ins Heft schreiben

1. –

2. –

kra

3. Was der Kakadu kann:

•• 1. Im Klassengespräch die Bildwörter klären: Krone, Kleider
In Einzelarbeit Bildwörter mit zwei Farben in Häuschen schreiben
• 2. Silbenlauf durchführen und aufschreiben
• 3. Silben abstreichen und passende Verben zu den Bildern mit zwei Farben schreiben ••• Sätze mithilfe der Schreibtabelle ins Heft schreiben

1.

Kla Klei Ku Ko Klet

kra krei ku kro ket

kna kle knu ko keit

Kut Ko Kri Ke Kan

2.

| | | | | | | | | | |
|---|---|---|---|---|---|---|---|---|---|
| W | K | i | n | d | e | r | s | k | K |
| e | m | t | l | c | k | e | n | o | a |
| c | n | W | t | i | o | K | m | e | r |
| k | K | i | r | s | c | h | e | n | t |
| e | l | n | m | K | a | r | o | f | e |
| r | n | l | K | r | i | m | i | n | n |

Wecker



• 1. Lesen und gleichzeitig den Finger der Schreibhand in Bögen unter den Silben mitführen
•• 2. 6 Wörter markieren und mit zwei Farben schreiben

## 1. Was tun alle Kinder?

## 2. Was tust du in der Schule?

•• 1. Zu jedem Bild ein passendes Verb und ein passendes Nomen aus dem Wörterpool mit zwei Farben schreiben
••• oder ganze Sätze mit diesem Verb und diesem Nomen bilden und mit zwei Farben schreiben
Benutzte Wörter im Wörterpool abstreichen
••• 2. Eigene Sätze mithilfe der Schreibtabelle ins Heft schreiben

1.

2.

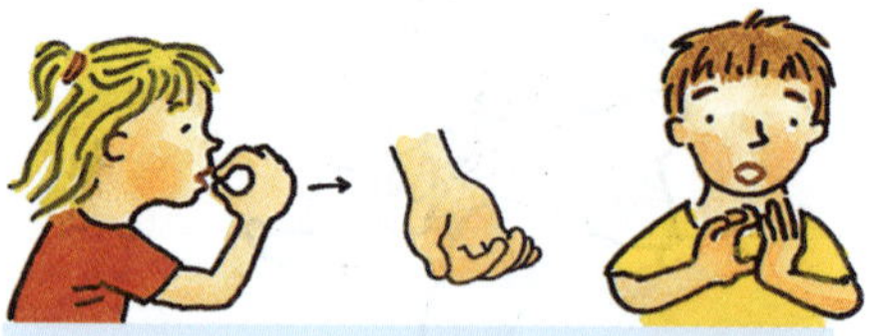

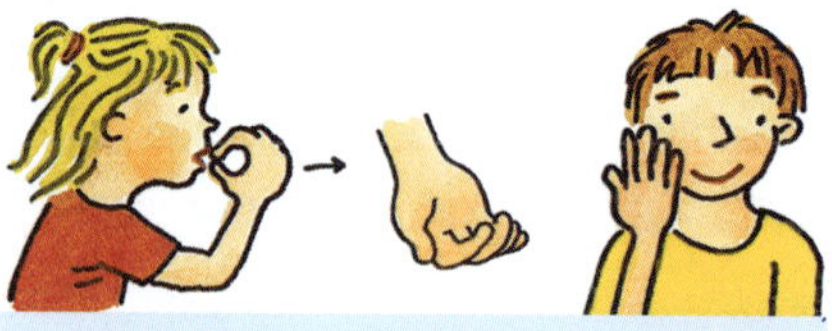

3.

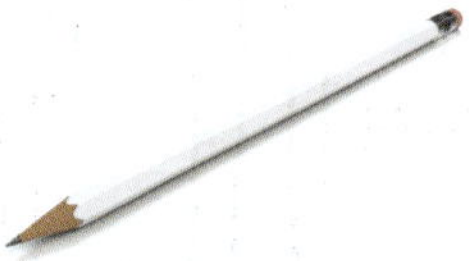

- 1. Einführung der Gebärde **b**
- 2. Zu den Gebärden schreiben: ba, bra, bla, bei, blei, brei
- 3. Im Klassengespräch alle Bildwörter klären: Berge, Trauben, Zwiebel, Brezel, Bleistift, Schraube
  In Einzelarbeit Bildwörter synchron sprechen und klatschen, auf bekannte Silben abhören und schreiben

1.

2. Was Kinder tun:

3.

•• 1. Im Klassengespräch die Bildwörter klären: Braten, Blume, Brote, Brause
In Einzelarbeit Bildwörter mit zwei Farben in Häuschen schreiben
• 2. Silben abstreichen und passende Verben zu den Bildern mit zwei Farben schreiben
••• 3. Mit der Schreibtabelle lautgetreue Wörter schreiben: Brezel ••• Weitere Wörter mithilfe der Schreibtabelle ins Heft schreiben

# Am Abend

1.

| | | | | |
|---|---|---|---|---|
| bla | bes | bli | bos | dei |
| bra | ben | bis | bus | do |
| blu | ber | blo | ber | da |
| brei | le | bro | le | du |

2.

## Simsalabim

| | |
|---|---|
| Nabel | b → d |
| Birke | k → n |
| Rabe | a → e |
| Wabe | b → d |
| leben | e → o |



• 1. Lesen und gleichzeitig den Finger der Schreibhand in Bögen unter den Silben mitführen
•• 2. Zauberwörter finden: einen Buchstaben austauschen und mit zwei Farben schreiben

1. d b

2.

| | | | |
|---|---|---|---|
| R | Rabe | Sch | Schein |
| W | | B | |
| R | Rand | Sch | Schall |
| B | | B | |

•• 1. Ausmalbild: Unterscheiden von **d** und **b**
•• 2. Reimwörter mit zwei Farben schreiben

# Bei den Eskimos

zu S. 42, 43

1.

2.

3.

Fi sche

- 1. Einführung der Gebärde **f**
- 2. Zu den Gebärden schreiben: fa, fla, fra, fre, flo, frei
- 3. Silben abstreichen und Nomen mit zwei Farben schreiben

1.

2.

•• 1. Im Klassengespräch alle Bildwörter klären: Faden, Seife, Tafel, Schafe
In Einzelarbeit Bildwörter mit zwei Farben in Häuschen schreiben
• 2. Silben abstreichen und Verben mit zwei Farben schreiben ••• Sätze mithilfe der Schreibtabelle ins Heft schreiben

zu S. 42, 43

1.

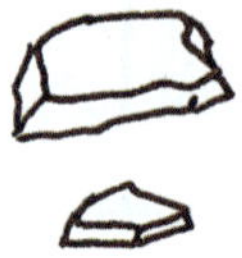

fa fal fle fi flu

fo fro fel fri frei

wa fa we fi wo

waf wer wuf wo

2.

wer – fen

ru

schla

bel

rol

tol

len

lei

rei

ten

werfen



• 1. Silbenteppich flüssig und laut lesen
• 2. Verben zusammensetzen und mit zwei Farben schreiben

1. 👓 – ✏

○ Eskimos essen Fische.
Frische Fische schmecken fein.

○ Das Eis ist offen.
Eskimos fischen mit einer Schnur.

○ Eskimos reisen mit dem Schlitten.
Auf dem Schlitten sind Fische.

○ An der Schnur sind drei Futterbrocken.
Ein Fisch frisst einen Futterbrocken.

•• 1. Texte den Bildern zuordnen und nummerieren

1.

So kannst du lesen üben.

Eskimos leben im Norden.

Dort ist im Sommer immer Sonnenschein.

Im Winter ist es dunkel und kalt.

Der Fellmantel ist warm.

2.

Fische Eisdecke Futterbrocken Schnur

EskimoswollenfrischeFischeessen.

Eskimosmüssenfischen.

FischeschwimmenunterderEisdecke.

KleineFutterbrockensindanderSchnur.

Wer findet die Wörter schnell?

3.

Fellmantel

Eisdecke

Sonnenschein

schmecken

Futterbrocken

4.

Kannst du **Bei den Eskimos** nun schneller lesen?

- •• 1. Text lesen
- •• 2. Sichtwortlesen: Wörter im Text finden und markieren
- • 3. Wörter aufschreiben und üben
- • 4. Über Lernen sprechen: Lesetechnik

1.

- 1. Die Verbindung von den Geschenken zu den Familienmitgliedern nachfahren (Selbst einen Wunschzettel verfassen)

# Wir  Mias  .

zu S. 92 – 96

•• 1. Bilder des Ausschneideblattes S. 79 ausschneiden und in der richtigen Reihenfolge aufkleben
•• 2. Den Weihnachtsengel selbst basteln

1. An der gestrichelten Linie durchschneiden
2. Dann Bilder einzeln ausschneiden